JN192076

あ〜気づきさえすれば！！

菅野 末喜

気づき

人生なるようになる。
でも
やった様にしか
ならないのも事実。
どうなりたい？
うん！
じゃあ、やろうよ！！

今でしょ？！

わたしの気づき

気づき

毎日の些細なことは
深く考えないで
無意識に選択し、
行動する。
人生は
殆んど小さな事の
積み重ねの集大成。
ちょっと意識して過ごすのも
悪くない！！！

わたしの気づき

気づき

やりたい事がいっぱいあると、
時間の使い方が上手くなる。
一日が充実する！！！
やらねばならない事を、
やりたい事に……☆

わたしの気づき

気づき

時間に追いかけられるのは
苦しい……
時間を追いかけるのは
楽しい……
マイペースでつかまえて、
マイペースで使う。
それが、それぞれの
人生の中味
……だと思う。
自分の生き方は
自分できめられる

わたしの気づき

気づき

◇

うまず

たゆまず

コツコツと

目標にむかって

一直線！！！

今日もだれかに

自分のバトンを渡せると

いいな！！

わたしの気づき

_____

_____

_____

_____

_____

_____

気づき

何でもくせになると
面白い★★★
せっかくだから
よいくせを身につけよう！
早寝・早起き・
プラス思考で！！！

わたしの気づき

気づき

人は自分の鏡
いい思いをいただけるのも
悪い思いをするのも
それは自分がそうしているから

わたしの気づき

気づき

朝の時間が大切
身なりと心を
整えていると
いい事はやってくる
ラッキーな事は
準備できている人に
めぐってくると……
思いたい。

わたしの気づき

気づき

物事を
上手く進めて行く上では
相手の都合を 50％
自分の都合も 50％と、
考えて行動すると
たいていは上手く行く！！
……のでは？

わたしの気づき

気づき

足りてることを
知ることは
幸福への第一歩。
これがなかなか
難しい！が……
ありがたいなぁ〜と
思える気持ちが
あれば常に
心は大満足♥

わたしの気づき

気づき

よろこびは
友と分かちあうと
倍になり
悲しみは和らぐ
一生の中で、そんな
心許せる友が
どれだけできるか……
人生に成功するとは
そういう事だと思う

わたしの気づき

気づき

平凡な日常のいちにちが
実は幸せな日なんだ……
それに気がつき
有難いと思って過ごす
その日が特別

わたしの気づき

気づき

ほっとしたり
がっかりしたり
嬉しかったり
悲しかったり
思えば１日１年
この繰り返し。
がっかりした時に
次があるさと
考えればほっとする。
なんだ！！
結局は同じ事
考え方次第だね。

わたしの気づき

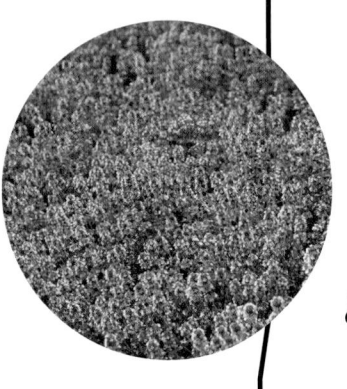

気づき

『いつか、きっと……』
と、思いながら、
今、この時に、
どう過ごしているのかな？
『いつか、きっと……』
は、先にあるのではなく、
今にあるのだ。

わたしの気づき

気づき

皆さんは、どんな人が好き？

前向きな人

明るく元気な人

言い訳をしない人

約束を守る人

ウラ・オモテがない人

・・・・

自分の好きな人を

目指せば

間違いない！！！

わたしの気づき

_____

_____

_____

_____

_____

_____

気づき

昨日の成功や失敗は
過ぎ去ったこと。
明日はまだやってこない。
だからこそ
今日のこの１日に
集中していこう！
今日がすべて。

イェ〜イ!!!

わたしの気づき

気づき

時間はだれに
でも平等にやって
くる。
お金のように価値に
差はない。
自分の使い方で
価値が決まる。
これは間違いなく
嬉しい事……だと思う。

わたしの気づき

気づき

やる気と元気はどこから来る？
……それはねっ♪
どこから来るか
見た人はいないんですが……
……自分が幸せだ
と感じた時に
元気がでるんだよ～♬
やる気が出るのは
喜んでくれる人が
身近にいる時なんだよ～♪
どちらも気持ちしだいです。

LOVE

わたしの気づき

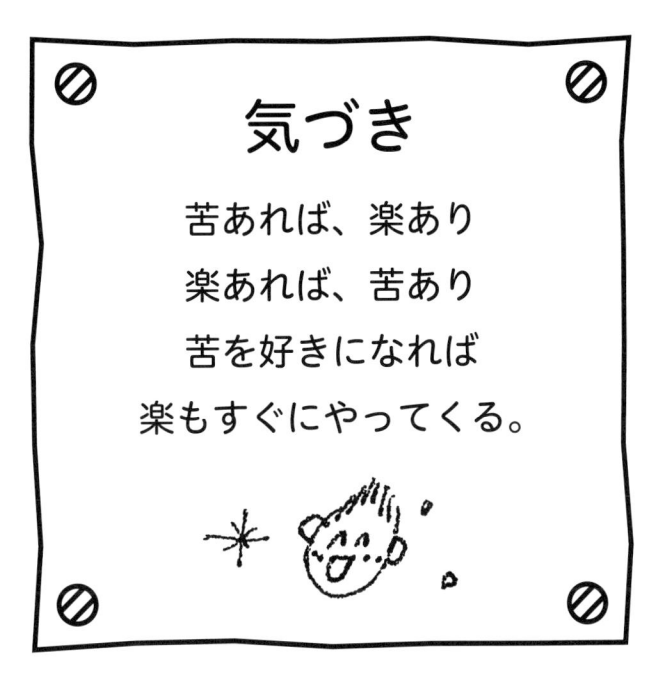

気づき

苦あれば、楽あり
楽あれば、苦あり
苦を好きになれば
楽もすぐにやってくる。

わたしの気づき

気づき

肉体の
新陳代謝は衰えても
心の代謝は
自分でできる。
何かにワクワクしよう！！
それがきっと
心を若返らせるぞ！！

わたしの気づき

気づき

見たいものがある
知りたい事がある
伝えたい事がある
行きたい所がある
やってみたい事がある
少しずつそれを
かなえていく。
そんな1日1日の
積み重ねを
目指して……

わたしの気づき

気づき

良いことも、悪いことも
毎日の積み重ねが
1年・2年……
10年後の自分
自分にとってもいい事が
人にとってもいい事
この積み重ねが
元気の源。
元気・やる気・は
お金を出さなくて
も手に入る

わたしの気づき

気づき

運が良い……
悪い……
これは偶然の産物でしょうか？
ひたむきに取り組む姿勢が
良い運を呼ぶのでは？
……そう信じたい……
それが全て。

わたしの気づき

気づき

近頃思う……
全てがうまくいったと思う日
よりも
少し悔いが残ったほうがいい
明日は悔いが残らぬよう
頑張れるから……

わたしの気づき

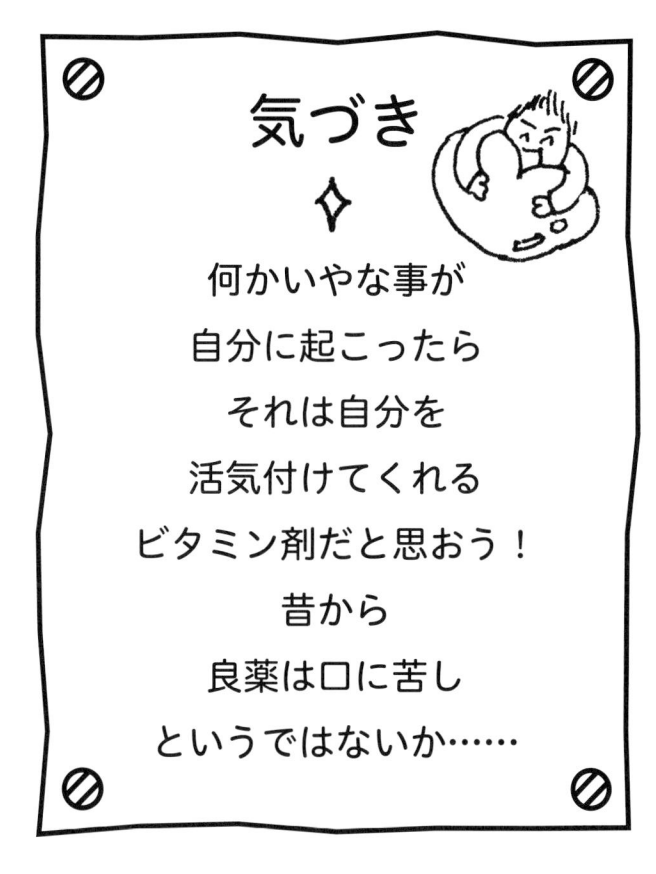

気づき

◇

何かいやな事が
自分に起こったら
それは自分を
活気付けてくれる
ビタミン剤だと思おう！
昔から
良薬は口に苦し
というではないか……

わたしの気づき

気づき

失ってみて初めて気づく。
失ったものの大切さを。
だから今ある事を
当たり前に思わないで
有り難いと思えば
大切に出来る

わたしの気づき

気づき

良い事も、悪い事も
それがず～っと
続く事はない
またたくまに
過ぎ去っていく
些細な事
何事にもとらわれないで
今に集中！

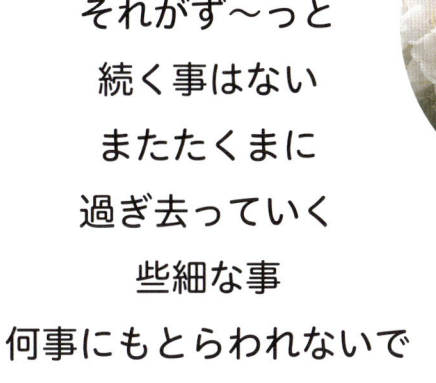

わたしの気づき

気づき

◇

何才になっても
がむしゃらに取り組める
何かを持ってる事は
幸せの極み！！！
若さはそんな気もちから
生まれるのでは？

わたしの気づき

気づき

●使わなくても減って
いくもの時間！
……補充出来ない
●使って減るもの
お金と物！！
……補充出来るとは
限らない。
●使えば増えるもの
考え方！！！
いつでもどこでも
補充できる
いいねっ

わたしの気づき

気づき

今、ここ、この一瞬
すべては
過ぎ去っていくもの
感動は
次の行動に
つながる
心に残る感動を
いっぱい
残そうよ！！！

わたしの気づき

気づき

しあわせは、
必ずしも物質の豊かさだけが
もたらすものではないと思う
当り前に見てたり
受けとめていると
日常に大きな喜びがあるのに
気づかない。
それに気づかないのは
もったいない！！！
もったいないのは
物に対してだけでは
ないんだネ！

わたしの気づき

気づき

365 日の日常の中に
小さな喜びは、いっぱいある。
豊かな感性を持ち続け
それをキャッチしていく事が
幸せへの道

わたしの気づき

気づき

◇ ◇ ◇

若さを保つ為には
身心を鍛えること！！！
と、あった。
肉体の鍛錬には
限界があるが
脳の鍛錬には
限界がないらしい。
単純な感動も
脳の若さの源らしい。
単純だネ！

わたしの気づき

気づき

年は重ねても
心まで老いなくても
よいのでは？
毎日なにかに感動し
何か人の為になる事をし、
常に好奇心を持って過ごし
感動・生き甲斐・好奇心
これさえあれば
いつでも青春♪

わたしの気づき

気づき

想像は行動の原点かも
10 年後の自分を
ではなく 1 年後の自分を
どうなっていたいか
想像してみると……
今自分がやるべき事が
みえてくる

わたしの気づき

気づき

真の気づきは
行動につながる
気づきのある毎日が
人生をワクワク
豊かにする
気づきの素は
素直さにあり！！！

わたしの気づき

気づき

あれこれ
思い描いてても
実行していかなければ
はじまらない
結果はどうあれ
人は行動した分
だけしか成長
出来ないのでは？

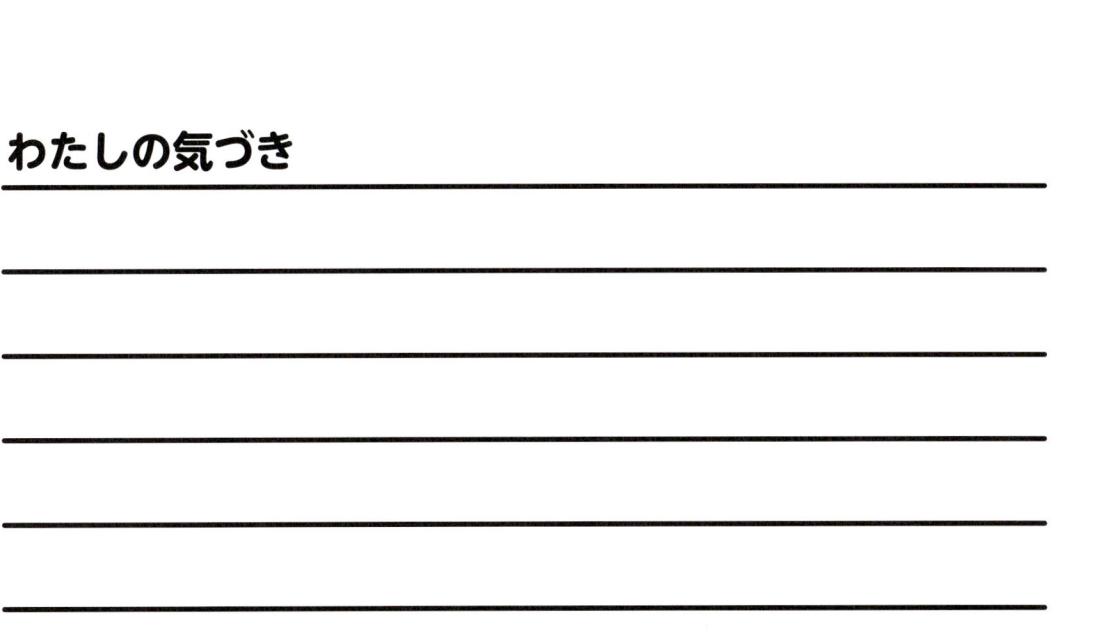

わたしの気づき

気づき

何事も
やらねばならない気持ちを
やりたい気持ちに
リセットすると
楽しくはかどる！！！

わたしの気づき

気づき

おひとつ、どうぞ……
だれかと分かち合えば
喜びも倍になる！！！
分かち合えるものを
もっと持てるように
努力しよっと！！！

わたしの気づき

気づき

◇ ◇ ◇

人生はシンプルがいい！！

寝る！

働く！

遊ぶ！（楽しむ）

学ぶ！

24時間を

バランス良く使う！！！

わたしの気づき

気づき

何に喜びを感じるかは
人それぞれ
与えてもらえる喜びよりも
喜こんでもらえるほうが
はるかに嬉しい。
今年も良かった〜の
貯金を！！！

わたしの気づき

気づき

旅をして気がついた。
持っていく荷物は
最小限が良い。
人生も同じだと
思う。
身軽な程フットワークが
軽くなり楽しめる！！

わたしの気づき

気づき

未来は分からない
でも、自分の未来は
今日の
この一歩の積み重ね
今日できることを精一杯。
それが
自分の未来を確実にする

わたしの気づき

気づき

青春って？……
何かをしたいと思う
強い意志
やわらかな感性
つきぬ想像力
一途な冒険心
易きに流されぬ
心がけ
だれでも持てる
こんな気持ち
自分次第でいくつに
なっても青春時代

わたしの気づき

気づき

物事はすべて
考え方次第。
裏と表・太陽と月、
陰と陽、
日が昇れば、
日は沈む。
どっちを見るかで
心も体も温まる。

わたしの気づき

気づき

仕事も学業も
家事・労働も、
同じやるなら
楽しくやろう！！！
出来ることを、
精一杯！！！
結果は２の次！！！

わたしの気づき

気づき

好きな事があるのは
それだけで幸せ。
好きな事
好きな物
好きな人
を
いっぱい作って
幸せ貯金を
していこう！！！！

わたしの気づき

気づき

1日1回は
空を見上げよう。
心の翼を広げ
思いっきり上へ上へと
行ってみよう！
広くて高い空から
自分を見つめると
悲しいことも
嬉しいことも
そんなに違いはなく
ただ、ただ、生きていることを
大きな喜びを感じるよ。

わたしの気づき

気づき

この一年
元気で
健康で
よかった〜♥
うれしい〜
全てに感謝を。
ありがとう。
こんな1年の積み重ねが
最高！！

わたしの気づき

幸か不幸かは考え方次第！！
人生は短い！不平不満を言ったり、
競争したり、怒ったり、いさかいを
してる時間はない。
あるがままを受け入れ今、この
一瞬一瞬を大切に！！

あ〜気づきさえすれば！！

2017 年 5 月 26 日　　初版第 1 刷発行
2017 年 9 月 29 日　　　　第 2 刷発行

著　者　　菅野 末喜
発行所　　ブイツーソリューション
　　　　　〒 466-0848 名古屋市昭和区長戸町 4-40
　　　　　電話 052-799-7391　　Fax 052-799-7984
発売元　　星雲社
　　　　　〒 112-0005 東京都文京区水道 1-3-30
　　　　　電話 03-3868-3275　　Fax 03-3868-6588
印刷所　　藤原印刷
ISBN 978-4-434-23277-0
©Maki Sugano 2017 Printed in Japan
万一、落丁乱丁のある場合は送料当社負担でお取替えいたします。
ブイツーソリューション宛にお送りください。